AF382598

Ma balade philosophique en électron libre

Christian Hubert Aquaba

Ma balade philosophique en électron libre

8 questionnements pour mener une réflexion
et échanger entre nous

Relecture/Correction : Mélissa Aquaba
Illustration : VP Vasuhan, Anne Laure Varoutsikos, Christian Hubert Aquaba

Édition : BoD · Books on Demand, 31 avenue Saint-Rémy, 57600 Forbach, bod@bod.fr
Impression : Libri Plureos GmbH, Friedensallee 273, 22763 Hamburg (Allemagne)

ISBN : 978-2-3225-6155-1
Dépôt légal : Février 2025

Préface

« Nous sommes une famille » sur cette terre, avec des sentiments et des émotions très différents.

L'homme erre dans huit directions à la recherche de son existence, et l'auteur de ce livre cherche à communiquer avec nous les lecteurs, à travers huit types de questions.

Il est de notre devoir de transmettre aux générations futures le sens de la vie humaine sur cette terre que nos ancêtres nous ont librement donné en partage. Les sujets abordés dans ce livre éveillent nos sens, comme les vagues de l'océan, encore et encore, pour réexaminer ce qui est essentiel.

Au fil des années ou j'ai connu Christian, nos conversations ont portées sur le plaisir de la table, l'art, les relations humaines, la génétique, la culture, l'amitié..., et toujours avec respect.

Toutes mes félicitations pour ce livre. Continue à nous enrichir !

VP. Vasuhan

« An nou fèmé la wond pou palé pawol an nou »

Regroupons-nous en ronde
pour réfléchir ensemble

*« La vie, ce n'est pas d'attendre que les orages passent.
C'est d'apprendre comment danser sous la pluie. »*

Sénèque, philosophe romain

Remerciements

Tellement fier d'avoir écrit ce livre. Il faut toujours s'entourer des bonnes personnes aux bonnes énergies, aux bonnes intentions. Se donner mutuellement des ailes, se soutenir sans jugement et sans complaisance.

Je remercie du fond du cœur toutes celles et tous ceux qui me sont chers avec qui j'échange altruistement de manière régulière.

Un remerciement spécial à Mélissa, Stéphane, Mylène, Vasuhan et Anne Laure.

Il y a des jours comme ça, où on procrastine. Ce n'est pas toujours un état latent, mais parfois simplement un manque d'envie ou un besoin de prendre du recul à un instant donné. La procrastination permet de se retrouver, d'avoir des moments simples, sans obligation, sans façade et de faire retomber toutes les tensions.

Alors, elle peut être efficace, tant qu'elle ne se traduit pas par un fonctionnement chronique et qu'elle ne devienne aigüe.

Durant cette journée où j'ai tout repoussé à demain, quelques questions sont venues titiller ma curiosité.

Je me demandais, si un grand magasin *in cloud* n'aurait pas été mis à disposition où chacun irait inconsciemment, intuitivement faire ses courses en fonction de ses besoins, de son instinct, de ses intuitions, de ses émotions, de ses objectifs ?

Je me demandais, s'il y avait une mission pour chaque être qui arrivait sur cette terre, et que toutes les étapes de sa vie étaient dans un but de glaner des réserves, des provisions, des munitions, pour se battre, et faire face à ses défis personnels et / ou extras personnels afin de mener à bien sa destinée ?

Je me demandais, si toutes les étapes de la vie ne conduiraient pas à ce magasin pour se nourrir, s'alimenter, s'enrichir intellectuellement, psychologiquement, spirituellement pour faire de son mieux et être meilleur qu'hier ?

Je me demandais, s'il y avait une voie, un chemin un passage secret qui était transmis aléatoirement par une force supérieure qui serait propre à chacun, pour que le parcours sur cette terre ne soit que du plaisir personnel, sans aucune mission « visible » ? Ou peut-être devrait-on chacun trouver sa mission ?

Je me demandais, si le transgénérationnel définissait réellement et irrémédiablement chaque être dès sa conception et jusqu'à sa fin corporelle ?

Je me demandais, si toutes les composantes extérieures ne seraient pas un paradigme à aborder en incluant les êtres humains et à traiter de manière systémique ?

Je me demandais, si l'intelligence collective ne devrait pas être la substantifique moelle du fonctionnement dans l'écosystème ?

Je me demandais, s'il y avait une continuité de l'âme après la disparition du corps.

Je me demandais ! Oui je me demandais beaucoup de choses, je pose ça là, j'y reviendrai. J'irais me balader sur ces interrogations, mais pour l'instant je passe du canapé au fauteuil, de la cuisine à la chambre, en écoutant de la musique. Est-ce vraiment de la procrastination ou simplement un moment choisi seulement pour ma pomme ? Mais loin d'être en mode légume. Demain je partirais en balade, c'est certain !

Mais avant de programmer ma journée de demain, je profite de ce moment où je suis confortablement dans mes pantoufles et ma tenue débraillée. L'effort le plus important de la journée sera sans aucun doute la préparation d'un repas. Entrée, plat, désert. Je ne badine pas avec ça ! Je peux reporter tout à demain, mais pas ça. Même lors des moments en solo. Les heures passent et le temps m'importe peu, aucune pression, aucune obligation… Sauf une. Juste une, vous voyez de quoi je parle, n'est-ce pas ? Pour le reste vous l'avez compris, je suis hors engagement, hors mission.

Un rayon de soleil caresse ma peau à travers la baie vitrée, et en dépit de cette douce sensation qui m'attire qui m'incite à sortir et briser cette séparation entre nous, pour m'abandonner totalement entre ses mains chaudes et rassurantes, je reste imperturbable.
J'ai tout au fond de moi cet instinct, mon compagnon de route qui sait mieux que quiconque ce qui est bon pour moi. Quelques fois nous sommes en désaccord, mais il arrive à me convaincre en faisant appel à une amie, cette petite voix qui vient valider ses recommandations. C'est d'ailleurs elle qui m'a

soufflé de rester à l'intérieur pour admirer ce beau tableau qu'offre cette lumière, en me laissant dorloter par les doux rayons du soleil. J'exécute et je deviens comme amnésique.

Après avoir pris le temps qu'il faut en cuisine, tout est prêt. J'ai l'eau à la bouche, j'ai la dalle. Je commence à comprendre pourquoi mon compagnon de route a insisté si lourdement. La première bouchée le confirme. Tout s'enchaine à merveille. Je me régale, objectif atteint.

Je repense à ces questionnements qui me sont venus à l'esprit à la faveur de ce moment de pause. Cela se traduirait-il par l'intérêt de prendre du temps pour soi, s'accorder de l'importance ?

Permettant d'être plus disposé à être envahi par un flot d'idées créatives et à faire émerger ses sensibilités.

Se mettre en mode pilotage automatique pourrait être un moyen de prendre la bonne trajectoire, de prendre le contrôle sur l'orientation que nous souhaitons donner à notre quotidien, ou à un autre moment choisi. Les heures passent et bien que le temps m'importe peu, je commence à ressentir une envie incoercible de prendre la direction de mon lit.

Il est important de s'accorder du temps pour soi, tout autant que privilégier le sommeil, ce moment essentiel qui nous permet de nous régénérer et d'être plus alerte.

Cette journée se termine, comme elle a commencé « cool, relax et détendu », dans cet espace de temps où j'ai pris de la distance sans résistance, elle m'a permis de laisser vagabonder mon esprit à sa guise.

Peut-être que sans cette journée consacrée à ne rien faire, je n'aurais pas porté une attention totale à mes pensées, à mes sentiments,
je n'aurais surement pas eu l'idée de vouloir coucher quelques mots sur un papier pour partager ensemble, vous et moi ces réflexions.

Je suis resté enfermé et j'ai pourtant le sentiment d'avoir été très libre, d'avoir apprécié pleinement chaque instant. Je me suis laissé aller à me fendre la poire, à avoir les yeux larmoyants à l'écoute de quelques titres de ma playlist qui me ramènent à des moments de partages simples, mais profonds. Je m'en vais donc tomber dans les bras de morphée qui m'accompagne délicieusement toutes les nuits.

Demain je partirais en balade, c'est certain, je suis motivé et déterminé à me lancer pour partager avec vous mes réflexions de cette journée, exprimer ouvertement mes pensées.

Quelques exercices, je suis en nage. La douche finira le travail pour me dynamiser et me permettre de tracer ma route pour cette nouvelle journée qui s'annonce épique et pleine de bonnes vibrations.

Je commence par me mettre en condition : rentrer dans ma bulle pour être sûr de bien me concentrer sur un de mes objectifs du jour, qui m'a été insufflé la veille, lors de ma journée de procrastination.

Ça y est, je reviens avec enthousiasme sur ces questionnements qui ont attisés ma curiosité. Cette balade sur ces différents points est sans prétention, sans approche scientifique, mais juste en électron libre. Cette balade est à considérer comme un échange tel qu'il peut se dérouler entre amis à une terrasse de café. Libre : libre de dire, de faire, d'écouter, de penser, de s'interroger, toujours en respectant l'autre, et en réciprocité même sur des divergences, ce qui est l'une des lignes directrices de l'échange.

Oh ! Je rappelle, je suis toujours en balade et je m'interroge tout simplement comme peut le faire un grand nombre d'entre nous.

Revenir sur cette première réflexion, à ce grand magasin *in cloud* qui pourrait être le lieu de convergence universel qui unirait tout être par, la synchronicité, la causalité, la nécessité, la télépathie.

Sommes-nous tous rattachés et reliés à une seule et unique énergie, une seule conscience ?

Si l'être Humain est capable d'interagir avec son environnement, et dans tout l'univers, peut-être que cela signifie que l'interconnexion par un réseau d'énergie est donc possible ?

La conscience qui se développerait par l'éducation reçue et qui se forgerait par les circonstances de la vie permettrait peut-être, d'être pleinement connecté à l'univers même de manière inconsciente ?

Ce magasin, ce lieu ouvert à tout individu quel que soit son niveau social, intellectuel ou sa situation géographique, ne serait peut-être visible aux yeux de chacun que lorsque ce dernier se retrouve dans un certain état personnel, touché, frappé par un phénomène extérieur ou intérieur ?

Et sans aucune expérience préalable, cette tendance innée qu'on appelle l'instinct, l'intuition, un peu comme la petite voix qui est tout au fond de chaque être, serait un fidèle ami, fiable et sans reproche, qui viendrait tout en douceur ouvrir la voie vers ce magasin.

Comment se manifeste-t-il ? Peut-être juste en se questionnant, peut-être faudrait-il être audacieux et y croire, sans se compliquer davantage l'existence.

Y croire ! Oui mais avoir aussi le courage d'aller jusqu'au bout et être responsable de ses choix, de ses actes et tout assumer.

Ce qui pousse à aller vers ce magasin, à s'y intéresser, à changer de cap, c'est aussi et surtout lorsque sa zone de progression est minée, lorsque l'espace d'évolution devient insatisfaisant ; puisqu'en parallèle avoir le sentiment de maitriser cette zone, cet espace, c'est tellement rassurant. Sortir de cela, c'est aller vers l'inconnu, et l'inconnu fait peur.
Une peur imaginaire, une barrière fictive, une pensée erronée qui alimente les croyances.

Quel regard, quelle humiliation ? Il est trop risqué d'être face aux autres de peur de se tromper, d'être jugé.
Ce serait une vraie mortification, une descente aux enfers. Non pas ça !
La plupart des gens seraient-ils rarement indulgents, aimant ou compatissant envers eux-mêmes ?
Les autres sont beaux, sont forts, sont intelligents et ont une aura. Ce ressenti de ne pas être à la hauteur, de ne pas avoir une énergie positive, d'être mauvais, tout cela n'est qu'une appréciation mentale personnelle, sans intérêt, et sans fondement. Pourquoi se comparer ? Existe-t-il un indicateur de performance de vie à atteindre qui mettrait une pression telle, que nous nous enfermerions, nous limiterions ?

Ce magasin est là, rempli d'énergie, de bonnes ondes, et d'attentions pour que chacun puisse avoir les mêmes « armes » pour atteindre un même niveau. Être la pierre angulaire de son passage sur cette terre. Quoi qu'il arrive ce magasin est à disposition.

Lorsque ça va bien, que tous les voyants sont aux verts, peut-être qu'à ce moment-là, il n'y a aucune conscience de la mortalité, peut-être que ce magasin n'apparait aucunement ou que partiellement dans le subconscient. Mais pas suffisamment pour se questionner, se regarder, s'ouvrir, sortir de sa zone de confort ou d'inconfort. Serait-il dans cette situation obstruée par une pensée, un comportement, une vision, ou simplement un état présent, là et maintenant ?

Lorsque ça va moyennement, que les éclats de rires s'atténuent de jour en jour, peut-être que les questionnements commenceraient à fleurir et l'éclosion permettrait d'être dans les débuts de l'écoute de soi ?

Lorsque ça va mal, que les nuages deviennent gris et commencent à assombrir le quotidien, peut-être que ce magasin commencerait à se réallumer dans la préconscience qui se manifesterait par des bouleversements psychophysiologiques.

Sigmund Freud a utilisé ce terme de préconscience pour préciser que « l'état de ce qui n'est pas présent dans le champ actuel de la conscience ou de ce qui échappe à la conscience actuelle sans être inconscient au sens strict ».

Ce magasin commencerait à illuminer le parcours, à border le tracé pour y faciliter l'accès. Peut-être que dans cette phase faut-il pouvoir faire la différence entre confort et inconfort ? Mais comment ? Ce passage vers la conscience est-il personnel ou doit-il être accompagné ?

Lorsque ça va très mal, que tout donne l'impression que le fond du trou a été touché, peut-être qu'il y a une prise de conscience à ce moment-là de la mortalité. Peut-être que ce magasin ouvrirait ses portes pour aguicher par ces rayons débordants de « solutions », tout en respectant le choix de celui ou celle qui est dans le besoin, qui présenterait une forte envie personnelle de prendre un nouveau trajet parce qu'il y aura eu une acceptation de sa situation.

Mais ce magasin pourrait également forcer l'entrée à certains. Tous ceux et toutes celles qui ont été choisi par l'univers, parce que missionnés.

Missionné : Le sommes-nous potentiellement tous et toutes ? L'entrée dans ce magasin ne serait-elle pas réservée aux cabossés, et là par ce terme, rien de péjoratif, bien au contraire.

Selon la situation, l'état psychologique où se trouve l'être humain, il peut y avoir un oubli, une abstraction du vivant, du fragile, du mortel. Oh, je rappelle, je m'interroge, je partage et sans complaisance !

Rentrer, faire ses courses, et faire le plein selon ses besoins, son instinct, serait-ce suffisant pour arriver à un amour de soi, un respect de l'autre, un aboutissement personnel ?

Arriver à une plénitude ne serait-ce pas tout simplement ça ? Faire le plein de sa besace, être suffisamment armé pour affronter tous les obstacles et écrire sa route ? Le passage sur cette terre serait vraisemblablement plus complexe que cela.

Ce respect, cette grande valeur qui revient souvent, venant du latin *respectus*, littéralement, considérer, la ligne rouge dans tout échange, et aussi dans toutes les situations de la vie. Respect ! En évoquant ce mot tout simple sans prétention au premier abord, mais tellement fort de sens si on se donne la peine d'aller plus loin dans l'analyse. Ce mot qui était souvent au centre de mon éducation.

Je remercie ma maman qui est toujours présente dans toutes les étapes de ma vie, cette femme continûment pimpante, combattante, *fô, sentwal é doubout* (forte, centrale et debout) qui veille sur moi dansant tout là-haut dans un lieu inconnu réservé aux élites, c'est-à-dire avec tous ceux et celles qui ont été jugés belles âmes après leur passage lumineux, vertueux, généreux sur cette terre. Et moi ici-bas, je fais quotidiennement de mon mieux pour danser en corps à corps avec la vie.

Il m'arrive quelques fois de perdre le rythme, d'aller à contretemps, mais je m'accroche, je bats la mesure, je me recentre, je me concentre, je reviens petit à petit dans le tempo et je mène la danse.

Ce n'est pas gagné pour autant, je dois toujours rester vigilant, même si je sais de là-haut, elle prend la mesure et arrive très souvent à guider mes pas pour reprendre la cadence.

Je continue ma balade, je marche, la tête bien haute, je regarde droit devant avec positivisme.

Arriver sur cette terre, voir sa besace se remplir automatiquement, sans effort, avoir toutes les clés de la réussite, oui : mais ces clés existent-elles vraiment ? Peut-on affronter tous les obstacles et rallier tous les suffrages ?

Je pourrais comparer cela avec un art que je chéris particulièrement : la cuisine. Avant d'arriver à la dégustation et au pic du plaisir, il se passe bien des choses. Certains peuvent avoir une perte de mémoire transitoire ou totale par rapport à la somme de choses à mettre en place, mais il y a tout un travail à réaliser en amont. Un cuisinier a tout une préparation culinaire, un cheminement à opérer.

Se questionner, faire un choix et l'assumer, lister ses besoins, écumer les étales, rencontrer les producteurs, comparer, acheter… La liste est longue.

Arrivé en cuisine, la suite est tout aussi exigeante : Eplucher, peler, vider, couper, nettoyer, écailler…

Mais le travail ne s'arrête pas là. Les assaisonnements, les associations, les cuissons, les sauces… la liste est infinie.

L'objectif de tout cela, est de sortir un mets le plus aboutit qu'il soit, pour faire ressortir tout l'amour et le respect des produits mis dans ce plat afin de donner du plaisir, de créer une émotion. Mais il y a un mais, en dépit d'une bonne sélection de produits, d'une recette précise et de tous les efforts apportés, ce plat ne plaira pas à tout le monde. Dans ce cas pour ce cuisinier est-ce une réussite ou un échec ?

Que faut-il faire ? Continuer à faire ses courses dans ce grand magasin *in cloud* ? Avancer, lever la tête et regarder droit devant, ou s'arrêter ?

Il est aussi légitime de se demander pourquoi être là à faire ça, si le résultat n'est pas à la hauteur de tous. Mais en réalité, peut-on rallier tous les suffrages ? Peut-on plaire à tout le monde ?

Faut-il tout de même s'armer, se préparer, se munir, se lever, combattre et affronter tous les défis, faire face à toutes les adversités ? Mais pour combattre contre qui ? Quel ennemi ? Quel obstacle ? Où est le danger ?

Serait-ce cela la vie, se battre ? Mais avec quelle arme ?

Même au minimum : les savoirs, la communication, la prise de conscience de son corps dans son intégralité, la culture... Seraient-ce ces armes-là dont nous aurions besoin pour affronter tous les obstacles, toutes les barrières de la vie et bâtir des relations authentiques ?

L'ennemi serait l'incapacité à résister, à se défendre, à se remettre en question ; et l'obstacle tout ce qui s'oppose à l'action ?

Ces obstacles seraient les défis de la vie, et s'armer permettrait d'être debout, de se protéger, de s'indigner et de regarder en avant pour arriver à un épanouissement ?

La vie n'est pas facile. D'où le combat à mener au quotidien, un corps-à corps régulier. Alors que faire pour être sur le bon chemin et profiter du voyage qu'offre la vie ?

Pourrions-nous être acteur et nous dire que la vie n'est qu'une juxtaposition d'adaptations et d'acquis ?

La vie envoie à chacun des signaux qui sont de nature différente. Donc il serait peut-être préférable de ne pas se comparer aux autres, mais apprendre à se connaitre et s'aimer.

Je continue ma balade, je marche, la tête bien haute, je regarde droit devant avec positivisme.

Evoluer sans peur car peut-être que toutes les étapes de la vie conduiraient à cet accueillant magasin ? Commencer par faire le tri entre son ressenti et des évènements extérieurs. Identifier et séparer les choses sur lesquelles une intervention personnelle est possible ou non. Pouvoir et impuissance. Peut-être est-ce un premier travail à mener ?

Se laisser aller au premier rayon placé à l'entrée du magasin. Remplir sa besace, c'est gratuit et il y en aura pour tout le monde, s'empiffrer sans modération, aucun risque sur la santé, au contraire, tout est nourrissant et plein de vitamines.

Chaque rayon a sa spécialité, il faut certainement être curieux, profiter de cette mise à disposition et aller vers l'abondance selon ses besoins ?

S'accepter, agir de manière vertueuse, s'enrichir intellectuellement, philosophiquement, spirituellement, c'est s'ouvrir vers les autres. L'humain est bonté, sensible, généreux, compatissant envers autrui.

Et les armes qui ont été sélectionnées dans ce grand magasin permettraient d'éloigner toutes les autres catégories. Les hargneux, les envieux, les toxiques.

Essayer et réessayer encore : mettre tout en œuvre pour les actions qui sont contrôlable et en son pouvoir, c'est peut-être juste la règle pour avancer, faire face aux défis en faisant de son mieux ?

Il faut être conscient que la vie est un mystère que personne n'a su percer, conscient que la vie emmène chaque jour son lot de surprises, conscient que comme on dit en créole *la vi la a pa on bol toloman*. Littéralement « la vie n'est pas un bol de toloman », moralité : la vie n'est pas simple.

L'humain n'est pas parfait, et chaque action demande un effort. Il faut peut-être, être en accord avec ça, être d'accord pour aller à l'essentiel.

Ouvrir ses chakras pour permettre aux ondes positives de pénétrer, puis faire de son mieux à chaque étape. Accepter les résultats et y faire face.

Faire de son mieux, c'est-à-dire tout donner dans ses capacités du moment.

L'être humain est vulnérable et ne peut pas être constamment au « taquet », mais faire le maximum et être encore meilleur qu'hier. C'est peut-être un des moyens de lâcher prise et de tracer sa route sans s'arrêter ?

Partir à l'aventure sans trop se soucier, car nul ne sait ce qui est bon ou pas pour celui ou celle qui a fait le choix de prendre la voie qui lui semble juste, parce que cette voie aurait été un choix fait sans contrainte.

Je continue ma balade, je marche, la tête bien haute, je regarde droit devant avec positivisme.

Transmettre un trajet idéal, peut-être qu'il y aurait une voie, un passage secret pour flâner, errer, siffloter sur son chemin de vie sans avoir de mission « visible », simplement être présent, être là, à côté des autres ?

Passer le temps alloué, sans y penser un seul instant, sans même que l'esprit soit effleuré par une quelconque mission. Mais ce positionnement dans la vie pourrait-être lui aussi un rôle donné d'office, dans le but d'influencer inconsciemment les autres.

Par ce comportement qui peut sembler, nonchalant, par cet état d'esprit qui peut paraître tranquille, par ce parcours qui donne un sentiment de simplicité, ce ne sont que des postures, probablement données pour impacter son entourage vers une alternative.

Existe-il une mission prédéfinie pour chaque être dès son premier cri et qu'il développerait au fur et à mesure de son avancement dans la vie, ou doit-il trouver sa mission progressivement pendant son parcours de vie ?

Passer par-ci par-là sans se poser de question, décider sans raison précise de se poser à une table de café, prêter l'oreille et se dire : « ça me parle, c'est tout à fait moi ». Découvrir par cette pause, une discussion inattendue qui conduirait sur la piste de sa mission.

Se poser la question à un moment de sa vie : A quoi je sers ? A partir de cet instant chercher une raison à son existence. Et un beau jour avoir le sourire et se dire bingo ! Mais, comment l'incarner, être certain de la réaliser et être heureux. Comment chercher sa mission, la trouver, la découvrir l'incarner ?

Autant de questions qui seraient à aborder de manière spirituelle, et dont les réponses partielles ou totales pourraient se trouver dans notre grand magasin.

Il n'y a pas de règles, il y a des valeurs ! Chacun devrait être libre d'aller faire son choix dans ce grand magasin, et de faire son analyse sans être guidé ou se sentir obligé, mais justement être soi et accomplir sa mission personnelle en toute conscience.

Il faut peut-être, être juste en accord avec son parcours, être en harmonie avec ses choix tant que le respect reste la colonne vertébrale de sa ligne de vie.

En fait, ne faudrait-il pas tout simplement accepter l'autre pour ce qu'il est, dans ces différences ? Faire preuve d'humilité, être positif, être amour, cultiver la gratitude qui n'est pas seulement une reconnaissance, non ! C'est encore plus que cela, c'est une richesse intérieure, un équilibre émotionnel, un message d'amour envoyé à l'univers. Ne serait-ce pas la plus grande des vertus pour évoluer, grandir, s'élever et avancer vers l'inconnu ?

Agir avec son âme et son cœur, sans besoin constant de vouloir trouver une mission de vie, mais simplement être à l'écoute, prendre conscience de son potentiel développé, être déterminé et s'ouvrir aux autres, ne serait-ce pas une des missions principales, et naturelles à cultiver ?

Accomplir une mission c'est peut-être laisser sa trace sur cette terre, car conscient que rien ne demeurera après ce passage. Pourquoi pas ? Egocentrisme, abnégation, personnalisme ? A chacun sa vision !

Mais est-il nécessaire d'être anxieux, de s'angoisser, s'il ne nous semble pas avoir de mission ? Non !

Transmettre, donner de l'amour, donner la vie, accumuler des choses diverses, créer, collectionner… C'est aussi ça une mission et laisser une trace !

Faire ses courses dans ce grand magasin pour les rendre siennes, ce lieu ouvert à tous sans interruption.

Mais n'y aurait-il pas une influence d'autres éléments que le seul besoin d'aller pousser la porte de ce magasin ?

Je continue ma balade, je marche, la tête bien haute, je regarde droit devant avec positivisme.

Viendrait-il aussi s'inviter sans permission, ce processus fascinant, troublant, intrigant qui est le transgénérationnel ?

Porter en soi cet héritage invisible, et inconscient : la mémoire de ses ancêtres (souvenirs, expériences, secrets, traumatisme) car c'est bien de cela dont il s'agit.

Faudrait-il se libérer de ces dettes familiales pour laisser de la place dans sa besace ? Ou faudrait-il au contraire composer avec ?

Si l'on compare à un sportif, un marathonien par exemple, sa préparation se forge dans un objectif clair : Gagner ! Pour y arriver, tout un rituel est mis en place pour se débarrasser des éléments perturbants, et par des méthodes, évacuer tout ce qui est enfoui pouvant enrayer ses conditions.

S'entrainer, et s'entrainer encore pour atteindre ses pleins potentiels. Le moindre traumatisme pourrait lui faire perdre sa course, et par extension ne pas atteindre son objectif. Le sportif ne compose pas avec. Il se libère, il brise le cycle. Conscience, inconscience, transgénérationnel, la combinaison contradictoire qui rend l'être à la fois si vulnérable et si invincible.

Tous ces éléments créent des schémas de pensées et comportementaux qui peuvent asphyxier le développement personnel et le bien-être.

Tous les individus sont-ils concernés ? Tous les faits et gestes sont-ils liés à des événements significatifs vécus par les aïeux ?

Sans oublier de laisser cela à la sagacité de chacun, qui saurait dans un premier temps et de manière intrapersonnelle, faire sa propre analyse en se plongeant dans sa vie tout en faisant en parallèle une rétrospection.

Quelques fois, il est important de convoquer le passé pour comprendre le présent et orienter son futur.

Comprendre qu'éventuellement que certains éléments pourraient, ou ont pu, influencer ces comportements et ces croyances actuelles.

Comprendre que possiblement l'adulte peut être le prolongement « narcissique » de ses parents.

Comprendre que manifestement les éléments hérités peuvent être transformés de manière positive.

Comprendre également que les mémoires peuvent être nettoyées et le cycle brisé.

L'héritage transgénérationnel ne concernerait pas que les autres. Porter un jugement d'emblée du motif des actions d'autrui, serait peut-être par cette action se définir soi-même ?

L'importance n'est pas d'aimer l'autre, mais être conscient que chaque individu est différent et unique. Dans cet esprit, les relations doivent être empathiques et respectueuses, puisque chaque personne a un vécu.

Témoigner l'intérêt que l'on porte à l'autre, la compréhension de sa situation, ressentir ce qu'il éprouve tout en respectant son besoin d'intimité, c'est-à-dire sans interpréter selon ses propres références. Cela demande indubitablement une empathie, une habitude, un entrainement, de l'audace et du courage à laisser pénétrer en soi. Mais laissera transparaître un bonheur contagieux.

Adopter une attitude constructive et positive, c'est avoir un regard aimant, et sans jugement. Soyez exemplaire !

Ce qui ne veut pas dire être irréprochable, mais simplement épanoui dans ses relations aux autres.

L'intergénérationnel, les relations entre les générations, contient ce qui est connu et consciemment transmis, différent du transgénérationnel.
Cette interaction avec les générations peut avoir un bénéfice sur les échanges. Stimulation cognitive, sens des valeurs, soutien émotionnel, plaisir de la solidarité… Et tellement plus encore !

Ces relations peuvent être un véritable lien social, les ainés pourraient notamment par ces échanges apporter leurs expériences à la compréhension des histoires familiales, car eux-mêmes ont très certainement été concernés. Les avantages intellectuels et émotionnels sont bénéfiques aux différentes générations, côté jeune et côté moins jeune. Tous les êtres quel que soit l'âge ont besoin d'interaction entre eux et dans l'écosystème.

Je continue ma balade, je marche, la tête bien haute, je regarde droit devant avec positivisme.

Evoluer ensemble c'est être UN et faire partie d'un TOUT, il ne convient pas de faire une analyse mentale, mais d'intégrer dans ce schéma fondamental une notion spirituelle.

Tous les éléments du système incluant tous les êtres humains, doivent-ils être abordés d'une manière systémique ? La réponse est peut-être là, être un dans un tout. Des gouttes de pluie cumulées sur la terre peuvent se transformer en un torrent. Peut-être en faire son fer de lance pour mieux aborder cette hypothèse ?

Peut-être que chacun joue un rôle pour se différencier par l'égo, sans prendre en compte que tous les êtres sont égaux ? Cet égo qui est une véritable crise sociale, d'intégrité et spirituelle.

Être pleinement lucide qu'une modification radicale de l'écosystème par ci-par-là, d'un côté ou de l'autre, l'isolement d'un peuple…ne peut pas être qu'une simple action sans répercussion. Être conscient qu'on ne peut faire et défaire à sa guise sans entraîner des conséquences irréversibles.

Pour rester positif, il faut se dire que ce n'est peut-être qu'une hérésie, et que les bonnes intentions sont en marche.

Ce paradigme pourrait évoluer s'il y avait une prise de conscience que l'humanité est une et indivisible. Un exemple peut permettre d'illustrer ce point. Le groupe sanguin d'un individu peut être compatible avec d'autres personnes qui sont de l'autre côté de la planète, sans distinction physique, de couleur, et loin d'être un membre de sa famille.

Tous semblables ! Constitués avec le même mécanisme, la même fonctionnalité et le même carburant.

Les composantes de l'écosystème permettent d'assurer l'interactions entre les êtres vivants et aux Hommes et Femmes de respirer, de se nourrir, de vivre, partout sur la planète. C'est par la mise en perspective et de la rationalisation qu'il pourrait y avoir une conscientisation.

Une communauté n'est peut-être pas seulement des semblables entre eux, mais un ensemble de vivants. Être UN et faire partie d'un TOUT.

Ce grand magasin fourni également une gamme de services incroyable pour maintenir le développement de la vie. Il y a une raison à tout !

Le hasard dans l'écosystème n'existe pas, chacun apporte à l'autre. C'est la possibilité dès à présent de choisir et de mener une action, afin que tout le système s'exprime de manière agglomérée et qui est une reconnaissance mutuelle du service rendu.

Utopique, illusoire, imaginaire ! Tout va à vau-l'eau, ça ne changera pas, plus rien n'arrêtera le déclin de la biodiversité. Peut-être que certains sont dans cette vision égoïste et simpliste ?

Ne rien faire c'est cautionner, c'est penser qu'une partie de l'écosystème pourrait disparaitre, et sans avoir cette présence d'esprit qu'il y aura un impact important qui empêcherait le développement naturel de la vie.

Être tourné uniquement vers soi, être dans l'individualité, serait-ce ça ? Je me le demande.

Ne faudrait-il pas simplement se dire que ce déclin conduirait à une dégradation de la qualité de vie, et ainsi des conséquences sur la santé Humaine.

Vivre ensemble et respecter ce grand magasin qui offre tous les services pour une meilleure cohésion, c'est lutter et avancer dans ce système prenant en compte toutes les formes de diversités.

Je continue ma balade, je marche, la tête bien haute, je regarde droit devant avec positivisme.

Créer un élan collectif, ce n'est pas s'effacer, mais garder sa singularité dans un groupe. C'est être investisseurs, entrepreneurs. C'est d'apporter ses connaissances, ses valeurs, ses émotions… pour agir et réaliser des projets dans l'intérêt de tous. Dans un écosystème l'un apporte à l'autre. Sinon pourquoi sommes-nous là ? Dans la philosophie antillaise il n'est pas rare d'entendre « *Cé on lanmen ka lavé lot* ». Traduction littérale, *c'est une main qui lave l'autre*. Moralité, il faut savoir s'aider les uns les autres. Peut-être que cela devrait être la substantifique moelle du fonctionnement dans l'écosystème, entre tous les êtres ?

Rien n'empêche que chacun ait une mission un but, un objectif personnel et par cette vision tout devient plus grand pour grandir ensemble. Toutes et tous connaissons la ligne d'arrivée, ou peut-être devrais-je dire la ligne de bascule vers un ailleurs, et pourtant l'objectif d'un grand nombre est d'écraser, de mépriser, de bafouer l'autre.

Pourquoi ? Pourquoi vouloir faire partie et être le premier dans la catégorie des belliqueux ? Quelle est l'intention dans cette action ?

Utiliser l'autre comme un tremplin pour se mettre à la lumière, être sur la scène de la médiocrité, déblatérer contre tout le monde par un discours captieux face à son public. Penser être récompensé en ayant sa photo sur la marche numéro 1 du podium et avoir la médaille des ringards autour du cou ?

Le public n'est pas dupe. Les dégâts causés par ce type de comportement resurgissent toujours d'une manière inattendue. Ces victoires malfaisantes sont très éphémères face à ce type de comportement, c'est aussi un tremplin pour que les autres soient plus forts et plus déterminés et vous ranger dans la case des minables.

La vie, c'est comme un sport de combat direz-vous certainement ? Chacun doit se battre contre son adversaire pour gagner. Oui c'est vrai ! Mais dans le sport, il y a des règles, des valeurs, ce que l'on appelle le fair-play est synonyme de respect, de maîtrise de soi, de loyauté et d'humilité. Autant de qualités, de vertus, précieuses, permettant de se challenger ! Et qui devraient être également dans le parcours de vie et le rapport aux autres.

Le milieu du sport est un excellent lieu d'épanouissement, ces valeurs devraient être enseignées d'emblée dès le plus jeune âge, et commencer à intégrer cette philosophie dans les parcours de vie.

Interagir dans l'écosystème en tant qu'humain de manière affable au sein de ce milieu et avec ce milieu. Cela ne favoriserait-il pas le partage des connaissances, des expériences et des compétences, au service d'un groupe pour apporter des solutions, des idées... ?

Marcher ensemble dans une direction d'amélioration afin que toutes les bonnes actions qui seront menées de manière collective contribuent à améliorer le milieu locatif dans lequel la vie est possible.

Cela fait partie des peu de pouvoir d'action que l'être humain dispose. Agir avec les autres !

Contrôler le monde serait difficile, mais les actions menées ensemble permettront d'améliorer, le milieu dans lequel l'être humain évolue.

Ce n'est un secret pour personne. Toutes et tous laisserons cette terre à tour de rôle, de génération en génération, d'être en être. Est-ce une raison de vivre de manière isolée et indifférente ?

Absolument rien ne se résout en un claquement de doigts. Si chacun souhaite mener à bien sa mission sur cette terre, être un acteur important et laisser une trace quelle qu'elle soit, il est peut-être important qu'elle puisse continuer d'accueillir ses locataires dans de bonnes conditions. Comme dit un proverbe ivoirien « Ce *n'est pas l'homme qui possède la terre, c'est la terre qui possède l'homme* »

Les défis continueront avec tous les enfants qui succéderont au passage de leurs aînés. Ils continueront à avoir des atouts irréfutables pour continuer à agir ensemble. Toutes démarches bienveillantes vers l'autre, qui plus est ensemble, rendraient heureux, et être heureux déclencherait un irrépressible élan positif vers autrui.

Alors, pourquoi se priver des interactions ? Influence réciproque, signe d'intelligence qui puise sa source dans la réflexion, l'honnêteté et la sagesse.

Il y a une citation de Rabindranath Tagore qui résume parfaitement cette philosophie, cette intelligence collective qui devrait résonner en chaque être : « *celui qui plante des arbres tout en sachant qu'il ne pourra profiter de leurs ombres, vient de commencer à comprendre le sens de la vie* ».

Si chacun prenait le temps de rentrer dans ce grand magasin *in cloud*, pour se questionner, ou simplement pour s'imprégner des ingrédients mis à disposition, cela améliorerait-il le rapport aux autres ?

Peut-être qu'il y aurait même un équilibre de valeurs entre soi et l'autre, qui ainsi faciliterait la communication et la qualité des interactions ?

Dans un environnement déjà suffisamment complexe, l'intelligence collective devrait venir dynamiser les relations sans distinction, car nous sommes tous concernés, respirant le même air, et confrontés aux mêmes enjeux. Tirez tous les bénéfices de cette vision, utiliser le temps à bon escient, partager les connaissances.

Car passer de vie à trépas peut être instantané, et sans cette approche intellectuelle, aucune valeur, aucune richesse ne pourra être distribué durant la période du contrat de location sur la terre.

La terre est mise à disposition avec toutes ses ressources qui doivent être partagées entre tous les êtres.

Ou peut-être que tous les êtres ne sont pas de passage et que certains peuvent se conduire comme s'ils étaient éternels, et la biodiversité indestructible ? Allez savoir ! Mais la réalité est tout autre.

Je continue ma balade, je marche, la tête bien haute, je regarde droit devant avec positivisme.

Vivre éternellement. C'est ce qui est hors du temps, qui n'a ni début, ni fin. Est-ce le cas des hommes et des femmes ?

Pas du tout ! Alors pourquoi se comporter, se conduire et réagir comme tel ? Inconscience de la finitude, ou déni de la réalité ?

Comme dit un proverbe africain, *La mort est un vêtement que tout le monde portera.*

Pour avancer en bonne intelligence peut-être faudrait-il accepter lucidement la réalité et être conscient que l'être n'est ni immortel ni omniscient, et certainement pas tout-puissant.

Même si l'âme est enfermée dans un corps physique, elle sera peut-être dissociée du corps : elle quittera son enveloppe corporelle après la fin de vie de ce corps ?

L'entrée sur la scène de la vie est sans aucune préparation, sans aucune formation, sans aucune communication préalable, et bien sûr sans aucune connaissance de la mission. Voilà, on arrive, on voit la lumière et la première réaction est un cri strident, comme un refus, car là, en un clin d'œil le constat est fait. Qu'est-ce que je fais là, dans ce milieu qui m'est inconnu ?

Alors plus possible de repartir en arrière, donc à ce moment précis, on se demande qui a décidé pour moi, qui a voulu que je sois là ? Présentation des décideurs, état des lieux, alors on se rassure, on s'apaise, on avance sans avoir accepté pour autant d'être arrivé ici, et il va falloir jouer sa partition pour avoir le rôle qui conduit à son épanouissement.

Le grand magasin *in cloud* est vraiment d'une grande fidélité, ses portes restent toujours ouvertes, même sur les réflexions de ce passage de à la vie, même démuni.

Il permet à toutes et tous d'avoir cette prise de conscience primordiale que la finitude devrait permettre une ouverture vers l'essentiel. Du moins, c'est à espérer.

Il est peut-être crucial que chaque être doit soigner sa tenue durant son passage sur cette terre, soigner ses relations durant son passage sur cette terre, soigner soi-même son épanouissement personnel durant son passage sur cette terre et être respectueux de son environnement.

Le temps alloué sur cette terre est limité, mais très certainement suffisant pour faire ce qui est important.

Nous avons pris place au bord de cet avion, à destination de là où tu sais, nous accédons rapidement à la première escale, au premier débarquement de passagers, alors, zapper les futilités et/ou les choses inutiles, qui n'apportent rien. Zapper cette volonté de faire du mal à son prochain et de l'abaisser pour masquer ses propres faiblesses et croire un jour triompher aux yeux des autres.

Peut-être que laisser la pensée de la mort changer le rapport au temps et ce fonctionnement délivrerait certains êtres de ce mal ?

« J'ai le temps, on verra, demain il fera jour… » toutes ces expressions font oublier que chaque jour est un jour en moins, que le temps est la seule chose qui n'est pas récupérable, qui n'est pas changeable contre payement. La mort est déjà là.

Cette lecture pourrait s'arrêter maintenant !

Triste réalité, assombrissant terriblement le trajet de la vie, ou faut-il voir un côté positif de la mort ? Peut-être que c'est un puissant moteur, une incroyable source de motivation ?

Pensez que tout peut prendre fin tout de suite et maintenant, peut créer une forte envie d'agir comme jamais, de fixer un cap et surtout, surtout respecter, agir correctement, créer du bonheur par ses actions. Partir à la recherche d'une abondance de partages, de plaisirs, de loisirs, de bonheurs personnels et extras personnels.

Il n'est pas question-là de tomber dans le pathos, mais peut-être simplement mettre en évidence une approche lucide et réaliste de la vie tout en restant conscient qu'elle est loin d'être simple. Pour illustrer ces propos, reprenons une citation d'Aimé Césaire « *Gardez-vous de vous croiser les bras en l'attitude stérile du spectateur, car la vie n'est pas un spectacle...* »

Le grand magasin *in cloud* est toujours là, toujours prêt à accueillir les portes grandes ouvertes. Prêt à accompagner pour ne pas se fourvoyer trop profondément dans une voie non adaptée.

Partez à la recherche de tout ce qu'il faut pour faire le plein des bonnes vibrations, pour remplir sa besace de la spiritualité nécessaire pour mener à bien les actions positives et humaines, avant le grand débarquement,
car là est la certitude, la seule certitude est la sortie de scène vers un ailleurs, un lieu inconnu. Positionnement dans la file d'attente en attendant que le jugement soit prononcé pour connaître son affectation en laissant derrière soi son enveloppe corporelle.
L'âme, (esprit, for intérieur), pourrait peut-être avoir 4 étapes pour se rendre ailleurs après avoir quitté sa maison, son enveloppe, son corps physique.

Par les forces de la nature, qui prendraient en considération tous les actes, toutes les actions, toutes les relations aux autres lors de son passage. Tout d'abord elle sera orientée après sa sortie du corps vers un lieu de stockage et référencée par un numéro, rangée par ordre de priorité dans une zone en attente d'un jugement, afin d'être affectée, vers une destination.
Après une analyse complète de son passage sur la terre, ces forces prendront leur décision.

Ensuite le parcours se poursuivrait vers un transit. Après délibération, sans en informer l'âme, une décision définitive et irrévocable est prononcée. Le temps d'un transit express en repassant par tout son chemin de vie, avant d'atteindre son nouveau domicile.

Puis arrivé dans une zone d'embarquement vers l'une ou l'autres des destinations suivantes :

- o   Le paradis, le jardin d'Eden
- o   La réincarnation
- o   L'indifférence
- o   L'enfer

Pour finir l'embarquement et le grand voyage en aller simple. Le lieu d'affectation sera connu au moment de l'arrivée, lorsque les portes s'ouvriront. L'accueil qui sera fait par les hôtes et hôtesses sera évident et indiscutable. La messe sera dite !

Il faut aussi prendre en compte, que peut-être que le corps et l'âme sont indivisibles, et de ce fait ces théories seraient un peu différentes.

Mais en y réfléchissant bien, chacun est libre, libre d'avoir sa propre théorie, sa propre vision, sa propre philosophie ?

Une des méthodes pour s'ouvrir à la réalité est peut-être de se mettre debout courageusement, pour affronter la perspective de la mort, manifestant un sens différent de la vie.

L'évidence de la mort nous communiquerait la valeur de ce qui nous entoure et de la vie. Nous sommes des êtres recrutés d'office pour vivre tous ensemble une expérience dont nous découvrons les énigmes au fur et à mesure de notre parcours et jusqu'à notre dernier souffle.

Dans cet intervalle, tous nos sens sont en éveils, certains les captent, d'autres moins ou très peu, mais quel que soit le niveau nous en résoudrons plus ou moins avec succès.

Toutes les informations dont nous avons besoin se retrouvent dans l'univers, dans l'écosystème.

Tous les éléments, toutes les clés dont nous avons besoin pour résoudre les énigmes de notre vie se retrouvent dans le grand magasin *in cloud*, mais ensuite, sans une connexion humaniste, spirituelle, l'énigme restera une énigme et ne nous permettra pas de passer les niveaux supérieurs de conscience, pour décrypter cette énigme.

Nous sommes tous et toutes des êtres multidimensionnels, dotés de grands pouvoirs. Certes certains peuvent se demander malgré tout cela : à quoi ça sert, à quoi je sers ?

Mais nous sommes déjà là. Alors utilisons toutes nos forces et nos savoirs pour évoluer, se faire plaisir, cultiver la gratitude dans toute sa dimension.

Nous sommes déjà là. Alors vivons et profitons de ce qu'il y a de meilleur aujourd'hui et maintenant, car *démen cé on kouyon*, traduction, tu ne sais pas de quoi demain est fait.

Tout peut s'arrêter maintenant !

Je continue ma balade, je marche, la tête bien haute, je regarde droit devant avec positivisme.

Nous sommes des êtres arrivés sur terre sans consentement, mais avec toutes nos différenciations culturelles, ethniques, sociales… qui nous permettent d'avoir une puissance incommensurable. Par cette force, hériter sans rien demander est un moyen de nous projeter vers une vision à 360, intégrant de diverses sources, différentes méthodes et systèmes. Alors pourquoi ne pas incinérer notre égo, nous rassembler et mettre en commun cette puissance.

Nous sommes là, autant utiliser tout ce qui est à notre disposition toute notre intelligence culturelle, et nos capacités intellectuelles pour agir en conséquence afin d'améliorer notre passage sur cette terre et laisser un lieu favorable aux générations futures.

Nous sommes capables de vivre ensemble en bonne intelligence avec toutes les autres formes d'intelligence. Mais est-ce la peur de l'autre qui nous pousse à nous retrancher, à nous mettre sur la défensive ? Mais l'autre est pourtant notre reflet.

Parfois nous pouvons prendre comme prétexte une forme de promiscuité croissante entrainant des risques multiplicateurs certain, comme des problématiques environnementales, etc., car trop nombreux et cela peut causer une irritation aux yeux d'un grand nombre.

Conscient de cela, nous devrions retrouver nos facultés humaines. Une bonne raison de se côtoyer de manière positive, mettre en commun cette force qui nous a été donnée pour réfléchir à un modèle différent. Prenons le temps un instant d'imaginer tout ce que nous pouvons mettre à profit en cohabitant avec l'écosystème. Vivre avec et dans ce milieu et non contre ce milieu.

Nous sommes tous semblables à notre arrivée en tant que locataire sur cette terre et de tout ce qui nous entoure. Ensuite, la vie nous forge, nous façonne, nous construit, nous transforme de différentes manières, et nous poursuivons notre route en divers endroits, faisant un choix conscient ou inconscient, un choix assumé ou assuré, un choix actif ou passif, un choix responsable ou irresponsable.

La route s'ouvre pour chacun de différentes manières, mais nous terminons tous de la même manière notre parcours de vie de locataire, en laissant derrière nous, ces soi-disant choses nous appartenant de manière indéboulonnable. Triste réalité d'une vie d'appartenance.

En laissant derrière nous tous ces sourires, toutes ces actions collectives, toute l'affabilité et le respect de manière indéracinable. Allégresse réaliste d'une vie de partage.

Nous pouvons maudire l'existence, refuser d'avoir été choisi pour être là, pleurer au point de vider toutes les larmes de son corps, lancer un SOS, sortir un drapeau blanc en signe de négociation, rien n'y fera ! Plus le choix, nous sommes là !

Nous pouvons faire tout un questionnement existentiel, pourquoi sommes-nous sur terre ? Comment sommes-nous arrivés, comment avons-nous été créés ?... Dans tous les cas, les faits sont là ! Nous sommes là et bien là, alors il faut choisir sa propre version du monde, celle qui nous apporte le plus d'exaltation, de stimulation et qui se rapproche à qui nous sommes profondément, qui nous ressemble et répond au mieux à nos questions par notre propre logique ou par notre foi. Recevoir à bras ouverts toutes les sortes de messages que nous envoie l'univers que nous devons décortiquer, décoder par nous-mêmes.

Faire un focus sur la base, c'est-à-dire SOI, et tracer sa route en se modelant tel que nous le souhaitons, tout en respect et tout en servant l'autre.

Nous devons bénir l'existence, glorifier avoir été choisi pour être là, s'esclaffer au point de vider toutes les larmes de son corps, lancer un message d'ok, planter un drapeau en signe d'appropriation, tout est là ! Profitons, nous sommes déjà là !

Pourquoi ne pas donner un « sens à sa vie » selon qui on veut être, selon la place qu'on veut avoir, selon les relations qu'on veut avoir, selon nos désirs, selon notre besoin ?... Nous sommes déjà là ! Alors prenons ce qu'il y a de meilleur, de plus juste pour soi et sublimons notre quotidien, en se basant peut-être sur l'IKIGAÏ, concept venu d'Okinawa au Japon, bénéfique pour soi afin de trouver sa véritable « raison d'être ».
Citons Le Mahatma Gandhi : « *Soyez le changement que vous voulez voir dans le monde !*».

Donner un sens à sa vie, cela peut passer par les services rendus à l'humanité. Mais peut-être faut-il questionner ce mot ?
Qui es-tu ? Parle-moi de toi avant que je ne prenne une direction.

Je suis Sensé ! Je suis très souvent interpellé, car le désir de sens est constant dans l'humanité, mais sachez que je n'ai pas le pouvoir de donner une orientation, une direction, car la vie n'a peut-être pas de sens. Ma mission est de mettre à disposition l'envie, le plaisir et le lien aux autres pour tous ceux et celles qui écoutent son cœur, et la suite vous appartient.

Allez ! Faites grimper en vous le sens du bonheur, soyez vrai, vivez simplement dans le respect, donnez le sens qui vous ressemble et faites-en bon usage !

La vie, c'est peut-être y donner un sens philosophique : être curieux, chercher à savoir, à comprendre, à se convaincre, être dans l'émerveillement, bref faire en sorte de devenir l'auteur de sa vie. Motivez-vous en appliquant la méthode Coué.

Dites-moi Sensé, ou peut-on te trouver ?
Dans le grand magasin *in cloud* !

J'arrive au terme de ma balade, mais toujours la tête bien haute, je regarde droit devant avec positivisme !

Avant que nous ne partions vers ce monde inconnu, peut-être que ce serait le seul moment où il faudrait regarder derrière soi et se dire, qu'est-ce que je voudrais voir noter sur mon épitaphe ?

Avant ce grand voyage, mettons à profit les conseils de Sensé et prenons cette envie, ce plaisir, ce lien aux autres mis à notre disposition, la condition sine qua non pour une vie en harmonie avec notre milieu et dans notre milieu.

Le 8 décembre 2017, UNESCO (Organisation des Nations Unies pour l'éducation, la science et la culture), a adopté lors de son assemblée générale la résolution 72/130, proclamant je cite *« le 16 mai Journée internationale du vivre-ensemble en paix. Cette journée sera un moyen de mobiliser régulièrement les efforts de la communauté internationale en faveur de la paix, de la tolérance, de l'inclusion, de la compréhension et de la solidarité, et l'occasion pour tous d'exprimer le désir profond de vivre et d'agir ensemble, unis dans la différence et dans la diversité, en vue de bâtir un monde viable reposant sur la paix, la solidarité et l'harmonie ».*

Cette journée vient nous rappeler l'importance du vivre ensemble. Accepter les différences, être à l'écoute, faire preuve d'estime, de respect et de reconnaissance envers autrui et vivre dans un esprit de paix et d'harmonie.

L'appréciation de la diversité et un esprit d'inclusion, qui sont les fondements de relations saines. Mais faut-il attendre cette journée pour en prendre conscience ? Tout est là à notre portée. Cet esprit que nous devons tous incarner devrait être notre moteur, notre leitmotiv.

Je ne sais pas si les rayons du soleil pénètreront aisément notre cœur et illumineront notre esprit afin de nous éclairer sur l'intérêt de multiplier cette journée internationale.

Je ne sais pas si tout cela pourrait faire partie de LA solution pour nous conduire à une bonne cohésion, à contribuer à la paix, et une union avec l'écosystème.

Je ne sais pas si à travers tout cela nous serons en phase l'un avec l'autre et avoir une vision positive de l'avenir.

Je ne sais pas si nous sommes bien dans une prise de conscience de la solidarité entre tous les êtres, de la compréhension mutuelle, et faire de tout cela notre locomotive.

Je ne sais pas si nous ne devions pas faire du proverbe « l'union fait la force », notre mantra.

Je ne sais pas si nous ne devrions pas faire chaque jour un geste positif envers une personne et/ou une action dans l'écosystème.

Je ne sais pas si tout cela nous conduira de plus en plus à nous sensibiliser à l'importance du respect.

Je ne sais pas non plus si la lecture de ces quelques lignes mènera à une réflexion pour échanger entre nous.

Mais je suis persuadé qu'il serait bénéfique pour tous, si nous mettons en application quelques éléments en allant faire nos courses dans ce grand magasin *in cloud*, par exemple, lors d'une balade en gardant toujours la tête bien haute, en regardant droit devant avec positivisme.

Je suis aussi persuadé que rien n'est plus agréable, plus enrichissant qu'une main tendue. Un simple geste, mais si fort qu'il peut changer le cours de la vie, le cours d'une vie. Un simple geste qui transforme un visage renfrogné en souriant. Un simple geste qui switche la désolation en consolation.

Un simple geste que nous avons tendance à négliger, mais qui devrait être pourtant si naturel, parce que nous sommes humains, dotés d'une sensibilité, d'un relationnel, d'une intelligence développée.

La vie est simple, il ne faut pas avoir peur les uns des autres, et de faire de son mieux.

Comme un bon repas qui se termine toujours par une petite douceur, je finis donc par une gourmandise, en rappelant la citation de Marguerite Annie Johnson, plus connue sous le nom de Maya Angelou.

« Aimez la vie. Engagez-vous dedans. Donnez tout ce que vous avez. Aimez-la avec passion parce que la vie rend vraiment, plusieurs fois, ce que vous y mettez ».

Postface

Je suis arrivé au terme de ce parcours intellectuel passionnant qui me conduit aujourd'hui à partager avec vous l'immense plaisir que j'ai eu à m'investir dans l'écriture de ce livre. J'ai pu ressentir toutes les émotions lorsqu'on est face à son écran en endossant humblement le costume littéraire.

Ces quelques questionnements sont venus effleurer mon esprit un jour où j'avais prévu de faire une pause, une journée que pour moi. Et puis une intuition m'a conduit à me lancer à l'écriture de ces quelques lignes.

Ce premier livre n'est pas juste un premier et un dernier mais le début d'une nouvelle aventure qui viendra compléter mes différents objectifs.

Je suis persuadé que l'écriture est un outil puissant pour le bien-être, la créativité et le partage.

Je continue ma balade
je marche, la tête bien haute
je regarde droit devant avec positivisme.

En plus des remerciements à toutes celles
et ceux qui m'entourent et me sont chers
je me remercie aussi.